## coleção
## Planeta saudável

# lixo

Lucília Garcez e Cristina Garcez

**callis**

© 2010 do texto: Lucília Garcez e Cristina Garcez
Callis Editora
Todos os direitos reservados.

1ª edição, 2010
1ª reimpressão, 2023

TEXTO ADEQUADO ÀS REGRAS DO NOVO ACORDO ORTOGRÁFICO DA LÍNGUA PORTUGUESA

Coordenação editorial: Miriam Gabbai
Revisão: Ana Paula Santos e Leandra Trindade
Projeto gráfico, diagramação, pesquisa iconográfica e
ilustrações: Rawiski Comunicação

CIP-BRASIL. CATALOGAÇÃO-NA-FONTE
SINDICATO NACIONAL DOS EDITORES DE LIVROS, RJ

---

G197l

Garcez, Lucília
    Lixo / Lucília Garcez e Cristina Garcez. [ilustrações Rawiski
Comunicações] - 1.ed. - São Paulo : Callis Ed., 2010.
    -(Planeta saudável)

    ISBN 978-85-7416-426-7

    1. Meio ambiente - Literatura infantojuvenil. 2. Lixo -
Literatura infantojuvenil. 3. Literatura infantojuvenil brasileira.
I. Garcez, Cristina. II. Título. III. Série.

| 10-3036. | | CDD: 574.5 |
| | | CDU: 504.06 |
| 29.06.10 | 09.07.10 | 020067 |

---

ISBN 978-85-7416-426-7

Impresso no Brasil

2023
Callis Editora Ltda.
Rua Oscar Freire, 379, 6º andar • 01426-001 • São Paulo • SP
Tel.: (11) 3068-5600 • Fax: (11) 3088-3133
www.callis.com.br • vendas@callis.com.br

# Sumário

## O que é o lixo?  5

6    Tipos de lixo
9    Destino do lixo
13    Alguns benefícios da coleta seletiva

## Reciclagem  14

17    Vantagens da reciclagem
20    Como compostar o lixo orgânico
23    Algumas questões frequentes
24    Como resolver alguns problemas simples da compostagem
25    Como usar seu composto

## Sobre a minhocultura  26

26    O que vermicompostar?
27    Não use os seguintes materiais
27    Criaturas do minhocário
27    Sistemas de minhocultura (tipos de minhocários)
28    Quatro princípios básicos da boa minhocultura
30    Tecnologia Minhocasa – *kit* Minhocasa de minhocultura
30    Passo a passo
32    Dicas

## O QUE É O LIXO?

Consideramos lixo todo resíduo sólido proveniente das atividades humanas e até mesmo de processos naturais (poeira, folhas ou ramos mortos de plantas, cadáveres de animais etc.). O lixo produzido pela sociedade é um dos maiores problemas ambientais da atualidade, pois os hábitos de consumo adotados pela maioria das pessoas e as novas formas de produção das indústrias provocam o aumento contínuo e exagerado na quantidade de material que deve ser descartado.

A quantidade de lixo produzida diariamente por um brasileiro é de, aproximadamente, 1 kg. Esse lixo é o resultado do consumo descontrolado de matérias-primas ou de produtos industrializados que, quando não têm uma destinação final adequada, prejudicam profundamente o meio ambiente e poluem a natureza.

### Veja o que compõe o lixo brasileiro

- 25% de papel
- 4% de metal
- 3% de vidro
- 3% de plástico
- 65% outros

### Distribuição do lixo no Brasil por tipo

- 60% domiciliar
- 17% industrial
- 15% especial
- 5% comercial
- 3% outros

Fonte: (Grippi Sydney, *Lixo: reciclagem e sua história*.)

É importante salientar que o material orgânico compõe a maior parte do item "outros". Aproximadamente 53% desse total é de restos de comida desperdiçada.

### Veja como é nosso lixo de casa:

- 11% outros
- 3% de metal
- 6% de plástico
- 5% de vidro
- 19% de papel
- 56% de restos de comida e podas de jardim

Planeta Saudável 5

## Por ano, um adulto descarta, em média:

Papel equivalente a duas árvores
90 latas de bebidas
107 garrafas ou frascos de vidro
70 latas de alimentos
45 quilos de plásticos

A quantidade de lixo produzido por um ser humano é de aproximadamente 5 kg/semana. Se somarmos a produção de lixo de toda a população mundial, os números são assustadores. Onde vamos depositar tudo o que é descartado?

Só o Brasil produz 240 mil toneladas de lixo por dia. O aumento excessivo da quantidade de lixo deve-se ao aumento do poder aquisitivo e ao perfil de consumo da população. Além disso, quanto mais produtos industrializados existir, mais lixo é produzido, como embalagens, garrafas etc.

Apenas 2% do lixo de todo o Brasil é reciclado. Isso acontece porque reciclar é 15 vezes mais caro do que simplesmente jogar o lixo em aterros. O percentual de lixo urbano reciclado na Europa e nos EUA é de 40%.

## TIPOS DE LIXO 1 — Lixo domiciliar, urbano, público e comercial

Lixo domiciliar, urbano, público é o lixo produzido em residências, bares, lanchonetes, restaurantes, repartições públicas, lojas, supermercados, feiras e comércio. É composto, principalmente, de: cascas e sobras de alimentos, copos e pratos descartáveis, embalagens, papéis, papelões, plásticos, vidros, trapos etc.

O lixo domiciliar vem das casas. É constituído por restos de alimentos (tais como cascas de frutas, verduras etc.), produtos deteriorados, jornais e revistas, garrafas, embalagens em geral, papel higiênico, fraldas descartáveis e uma grande diversidade de outros itens. Contém, ainda, alguns resíduos que podem ser tóxicos, como pilhas.

O lixo público é aquele originado dos serviços de limpeza pública, incluindo todos os resíduos de varrição das vias públicas, limpeza de praias, de galerias, de córregos e de terrenos, restos de podas de árvores e de limpeza de áreas de feiras livres (lixo constituído por restos de vegetais, legumes, embalagens etc).

O lixo comercial é originado nos diversos estabelecimentos comerciais e de serviços, como supermercados, estabelecimentos bancários, lojas, bares, restaurantes, entre outros. Esse lixo tem uma grande quantidade de papel, plásticos, embalagens diversas, e também resíduos de asseio dos funcionários, por exemplo, papel-toalha, papel higiênico etc.

## 2 Lixo industrial

Lixo industrial é aquele produzido pelas indústrias. Possui características peculiares, dependendo das matérias-primas utilizadas. Pode ser perigoso, até mesmo tóxico e, por isso, a menos que passe por processos de tratamento específicos, não pode ser depositado no mesmo local do lixo domiciliar. O lixo industrial é originado nas atividades dos diversos ramos da indústria (metalúrgica, química, petroquímica, papeleira, alimentícia etc). O lixo industrial é bastante variado, podendo ser representado por cinzas, lodos, resíduos alcalinos ou ácidos, plásticos, papel, madeira, fibras, borracha, metal, escórias, vidros, cerâmicas e outros. As indústrias são responsáveis por dar uma destinação adequada ao lixo que produzem, de forma a evitar a poluição e a contaminação do solo e dos rios.

## 3 Lixo hospitalar

O lixo hospitalar provém dos serviços de saúde e hospitalares. É constituído de resíduos sépticos, ou seja, que contêm, ou potencialmente podem conter, germes patogênicos. São produzidos em serviços de saúde: hospitais, clínicas, laboratórios, farmácias, clínicas veterinárias, postos de saúde etc. São representados por agulhas, seringas, gazes, bandagens, algodões, órgãos e tecidos removidos, meios de culturas e animais usados em testes, sangue coagulado, luvas descartáveis, remédios com prazo de validade vencido, instrumentos de resina sintética, filmes fotográficos de raios X, entre outros.

Esse tipo de lixo pode ser muito perigoso. É importante lembrar o acidente com Césio em Goiânia, há alguns anos, quando uma cápsula de chumbo de um aparelho de raio X foi aberta em um ferro-velho, contaminando de radioatividade muitas pessoas e lugares.

Resíduos assépticos desses ambientes de atenção à saúde, constituídos por papéis, restos da preparação de alimentos, resíduos de limpezas e outros materiais que não entram em contato direto com pacientes ou com os resíduos sépticos anteriormente descritos, são considerados domiciliares.

Pelas múltiplas possibilidades que apresenta de transmitir doenças de hospitais, deve ser transportado em veículos especiais, assim como o lixo industrial. A menos que passe por processos de tratamento específico, deve ser disposto em local apropriado ou ir para os incineradores.

## 4 Lixo agrícola

O lixo agrícola é composto de resíduos das atividades agrícolas e da pecuária realizadas em fazendas e agroindústrias. É formado por embalagens de adubos, defensivos agrícolas, ração, restos de colheita etc. Estes resíduos constituem uma preocupação crescente, destacando--se as enormes quantidades de esterco animal geradas nas fazendas de pecuária intensiva. Também as embalagens de agroquímicos diversos, em geral altamente tóxicos, têm sido alvo de legislação específica. A legislação define os cuidados na destinação final e, por vezes, atribui à própria indústria fabricante a responsabilidade sobre o destino das embalagens já utilizadas.

## Lixo tecnológico 5

Atualmente, como os eletrônicos tornam-se rapidamente obsoletos e são substituídos, há uma produção muito significativa de lixo tecnológico. São TVs, rádios, eletrodomésticos, computadores, telefones, aparelhos eletrônicos em geral. Parte desse lixo possui componentes tóxicos e deve passar por tratamento especial antes de ser descartado.

## 6 Lixo de construção

O entulho é composto pelos resíduos da construção civil: demolições e restos de obras, madeira já utilizada, solo de escavações etc. Ele é geralmente um material que não polui e pode ser reaproveitado em aterros e em outras construções.

## Lixo orgânico 7

É considerado lixo orgânico todo resíduo de origem vegetal ou animal, ou seja, todo lixo originário de um ser que já foi vivo. Esse tipo de lixo é produzido nas residências, escolas, empresas e pela natureza.

Podemos citar como exemplos de lixo orgânico os restos de alimentos (carnes, vegetais, frutos, cascas de ovos, restos de comida), papel, madeira, ossos, sementes etc.

Este tipo de lixo precisa ser tratado com todo cuidado, pois pode gerar consequências indesejadas para os seres humanos, como, por exemplo, mau cheiro, desenvolvimento de bactérias e fungos, aparecimento de ratos e insetos. Nesses casos, várias doenças podem surgir por meio da contaminação do solo e da água.

No processo de decomposição anaeróbica que acontece nos lixões, o apodrecimento do lixo orgânico sem a presença de oxigênio do ar produz o chorume, que é um líquido viscoso e de cheiro forte e desagradável. O chorume também é um elemento ácido que pode provocar a contaminação do solo e das águas (rios, lagos, lençóis freáticos).

O lixo orgânico deve ser depositado em aterros sanitários, seguindo todas as normas de saneamento básico e tratamento de lixo. A população também pode contribuir para o tratamento deste lixo, favorecendo a coleta seletiva do lixo e a reciclagem.

Outra utilidade do lixo orgânico é a produção de adubo orgânico ou húmus, muito usado na agricultura, pelo processo de compostagem e de minhocultura. As minhocas transformam totalmente o lixo orgânico em húmus, sem provocar nenhum prejuízo ao meio ambiente.

E as pessoas podem facilmente exercer seu papel de cidadão, tratando de seu próprio lixo em casa com minhocários e composteiras domésticas.

Esse tipo de lixo pode ainda ser usado para a produção de energia (biogás), pois em seu processo de decomposição é gerado o gás metano.

## DESTINO DO LIXO

O destino do lixo deve ser diferente, de acordo com cada tipo de resíduo que o constitui. Entretanto, o destino mais comum que se dá para qualquer resíduo no Brasil são os chamados "Lixões". Em aproximadamente 70% das cidades brasileiras, os resíduos ainda são jogados nesse destino final. Apenas 13% dos municípios destinam seus resíduos a aterros sanitários e 17% a aterros controlados. Menos de 10% dos municípios brasileiros realizam coleta seletiva e reciclagem.

Os lixões são um espaço aberto no qual o lixo fica apodrecendo ou é queimado. É localizado, geralmente, na periferia das cidades. Não devem ser confundidos com aterros sanitários, pois é um método que não leva em consideração critérios sanitários ou ecológicos, provocando a contaminação das águas subterrâneas, do solo e a poluição do ar com gases tóxicos.

É muito comum também o despejo do lixo em córregos ou em terrenos baldios pela população de periferias que não recebem atenção quanto à coleta ou à educação municipal.

Sabe-se que 20% da população brasileira ainda não conta com serviços regulares de coleta. O lixo comum deve ir para aterros sanitários, quando não há mais a possibilidade de reciclagem ou reutilização.

Os aterros sanitários são basicamente locais em que os resíduos são confinados no solo, livre do contato com o ar e cobertos com uma camada de terra. O terreno é impermeabilizado para permitir que os líquidos e os gases (resultantes da decomposição que estes resíduos sofrem embaixo da terra, principalmente por bactérias) sejam drenados e tratados, para evitar a contaminação do ambiente.

Também existem os aterros controlados, que são basicamente um sistema intermediário de destinação de resíduos entre os lixões e os aterros sanitários, pois há um controle de entrada de pessoas e cobertura diária do lixo. Porém, os impactos que causam estão mais para o lado negativo dos lixões do que dos aterros sanitários, pois a contaminação do solo e dos corpos hídricos não é controlada.

## Usina de aproveitamento de biogás

O lixo séptico ou hospitalar deve ir para valas apropriadas ou ser incinerado. A incineração é diferente da queima, pois é feita em máquinas especiais e não simplesmente pelo fogo.

Entretanto, em muitas cidades, o lixo hospitalar é depositado em aterros sanitários ou mesmo em lixões. Isso quando a coleta é irregular ou inexistente. Além disso, muitos resíduos infectantes vão para aterros sanitários por meio da coleta domiciliar, já que muitas pessoas são tratadas de enfermidades nas suas próprias residências. O ideal é encaminhar o lixo séptico a farmácias e clínicas da região.

O lixo tóxico deve ir para aterros especiais ou centros de triagem específicos para que os resíduos possam ser reciclados ou reutilizados.

Em algumas cidades, o lixo orgânico é encaminhado para usinas de compostagem. Estas usinas estão basicamente em locais nos quais esses resíduos são misturados com terra, esterco ou palhadas, movimentados constantemente e submetidos à ação de fungos e bactérias, para serem transformados em adubo orgânico, também chamado de húmus (material muito rico em nutrientes que pode ser utilizado em plantações).

A incineração é um tipo de tratamento para, por exemplo, lixo hospitalar, que depois vira cinza e vai para os aterros sanitários (dependendo do teor de contaminação dos resíduos resultantes).

O Aterro Bandeirantes, em São Paulo, é considerado um dos maiores depósitos de lixo do mundo, pois recebe cerca de 7 mil toneladas de lixo por dia, metade do que a cidade produz. Neste local, os gases produzidos, originários da decomposição de matéria orgânica, eram queimados em drenos verticais e lançados na atmosfera. Para evitar a queima sem controle e o lançamento de toneladas de poluentes para a atmosfera e contribuir para a redução da emissão de gases do efeito estufa, foi desenvolvido o projeto de construção da Central Térmica a Gás do Aterro Sanitário Municipal Bandeirantes.

O projeto consiste na implantação de uma unidade de produção de energia limpa, a partir do aproveitamento adequado do gás metano gerado pelo lixo. A técnica restringe-se a converter o metano gerado pelo lixo e aproveitá-lo para gerar energia.

Essa redução de gases da Usina do Aterro Bandeirantes é convertida em Créditos de Carbono, que podem ser negociados com países que não conseguem diminuir a emissão de gases poluentes e compram os créditos de países que reduzem sua emissão de gases tóxicos. A utilização correta dos gases reduzirá a emissão equivalente a 8 milhões de toneladas de gás carbônico até 2012, que serão posteriormente negociadas.

É preciso educar a sociedade para reciclar, ou seja, pensar e planejar antes de consumir e produzir qualquer tipo de lixo, pois os resíduos demoram muito a se decompor na natureza.

## Veja o tempo de decomposição dos materiais:

| material | tempo de degradação |
|---|---|
| Papel, papelão, jornal | Cerca de 6 meses |
| Chicletes | 5 anos |
| Filtros de cigarros | 5 anos |
| Latas de aço | 10 anos |
| Embalagens longa vida | Até 100 anos (alumínio) |
| Sacos e sacolas plásticos | Mais de 100 anos |
| Alumínio | 200 a 500 anos |
| Metais (componentes de equipamentos) | Cerca de 450 anos |
| Plásticos (embalagens, equipamentos etc.) | Até 450 anos |
| Embalagens PET | 450 anos |
| Fralda descartável | 450 anos |

| | |
|---|---|
| Cordas de *nylon* | 650 anos |
| Lixo radioativo | 250.000 anos |
| Cerâmica | Indeterminado |
| Esponjas | Indeterminado |
| Isopor | Indeterminado |
| Louças | Indeterminado |
| Luvas de borracha | Indeterminado |
| Pneus | Indeterminado |
| Vidros | Indeterminado (um milhão de anos) |

## O QUE É COLETA SELETIVA?

É um sistema de recolhimento de materiais recicláveis ou reutilizáveis, tais como papéis, plásticos, vidros, metais e orgânicos, previamente separados na fonte geradora. Esses materiais são encaminhados às indústrias recicladoras para serem reaproveitados na produção de novos objetos.

As quatro principais modalidades de coleta seletiva são: domiciliar, em postos de entrega voluntária, em postos de troca e por catadores.

A coleta seletiva domiciliar assemelha-se ao procedimento clássico de coleta normal de lixo. Porém, os veículos coletores percorrem as residências em dias e horários específicos que não coincidam com a coleta normal. Depende de uma decisão política do governo local, que organiza e informa à população qual é o tipo de lixo e os horários e dias em que haverá a coleta específica de cada tipo.

A coleta em PEV (Postos de Entrega Voluntária) ou em LEV (Locais de Entrega Voluntária) utiliza normalmente contêineres ou pequenos depósitos, colocados em pontos fixos, em que o cidadão, espontaneamente, deposita os recicláveis.

A modalidade de coleta seletiva em postos baseia-se na troca do material entregue por algum bem ou benefício. Por exemplo, em algumas cidades o óleo de cozinha é entregue em um posto de coleta e a pessoa recebe o sabão fabricado com o óleo descartado.

O sucesso da coleta seletiva depende da participação efetiva da sociedade e está diretamente associado aos investimentos feitos para sensibilização e conscientização da população. Normalmente, quanto maior a participação voluntária em programas de coleta seletiva, menor é seu custo de administração e maior seu sucesso.

# Simbologias e cores na reciclagem

As cores dos contêineres apropriados para a coleta seletiva de lixo são:

 **Azul** papel e papelão

 **Amarelo** metais

 **Vermelho** plásticos

 **Verde** vidros

 **Preto** madeiras

 **Marrom** resíduos orgânicos

 **Roxo** resíduos radioativos

 **Branco** resíduos ambulatoriais e de serviços de saúde

 **Cinza** resíduo geralmente não reciclável, misturado ou contaminado, não sendo passível de separação

# ALGUNS BENEFÍCIOS DA COLETA SELETIVA

- Diminui a destruição de florestas nativas.
- Reduz a extração dos recursos naturais.
- Diminui a poluição do solo, da água e do ar.
- Economiza energia e água.
- Possibilita a reciclagem de materiais que iriam para o lixo.
- Conserva o solo.
- Diminui o lixo nos aterros e lixões.
- Prolonga a vida útil dos aterros sanitários.
- Diminui os custos da produção, com o aproveitamento de recicláveis pelas indústrias.
- Diminui o desperdício.
- Melhora a limpeza e higiene da cidade.
- Previne enchentes.
- Diminui os gastos com a limpeza urbana.
- Cria oportunidade de fortalecer cooperativas.
- Gera emprego e renda pela comercialização dos recicláveis.

# RECICLAGEM

O símbolo internacional da reciclagem

A reciclagem é o termo utilizado para designar o reaproveitamento de materiais como matéria-prima para um novo produto. Muitos materiais podem ser reciclados e os exemplos mais comuns são o papel, o vidro, o metal e o plástico.

As maiores vantagens da reciclagem são a minimização da utilização de fontes naturais, muitas vezes não renováveis, e a diminuição da quantidade de resíduos que necessitam de tratamento final, como aterramento ou incineração.

O conceito estrito de reciclagem serve apenas para os materiais que podem voltar ao estado original e serem transformados novamente em um produto igual em todas as suas características. O conceito de reciclagem é diferente do de reutilização.

O reaproveitamento ou a reutilização consiste em transformar um determinado material já utilizado em outro. Um exemplo claro da diferença entre os dois conceitos é o reaproveitamento do papel. O papel reutilizado não é nada parecido com aquele que foi fabricado pela primeira vez. Este novo papel tem cor, textura e gramatura diferentes. Isso acontece devido à impossibilidade de retornar o material utilizado a seu estado original. Ele passa por transformações e torna-se uma massa que, ao final do processo, resulta em um novo material de características diversas.

Outro exemplo é o vidro. Mesmo que seja "derretido", nunca será feito um outro com as mesmas características, tais como cor e dureza, pois, na primeira vez em que foi feito, utilizou-se de uma mistura formulada a partir da areia.

Já uma lata de alumínio, por exemplo, pode ser derretida e voltar ao estado em que estava antes de ser beneficiada e transformada em lata, podendo novamente voltar a ser uma lata com as mesmas características.

A palavra reciclagem, que abrange de forma geral todas as formas de reaproveitamento, difundiu-se na mídia a partir do final da década de 1980, quando foi constatado que as fontes de petróleo e de outras matérias-primas não renováveis estavam se esgotando rapidamente, e que havia falta de espaço para a disposição de resíduos e de outros dejetos na natureza.

Para compreendermos a reciclagem, é importante reformularmos o conceito que temos de lixo, deixando de considerá-lo como uma coisa suja e inútil em sua totalidade. O primeiro passo é perceber que o lixo é fonte de riqueza e que para ser reciclado deve ser separado. Ele pode ser separado de diversas maneiras, sendo a mais simples separar o lixo orgânico do inorgânico (lixo molhado/lixo seco).

# POR QUE RECICLAR?

A reciclagem de materiais é muito importante, tanto para diminuir o acúmulo de dejetos quanto para poupar a natureza da extração inesgotável de recursos. Além disso, reciclar causa menos poluição ao ar, à água e ao solo.

O consumidor pode auxiliar no processo de reciclagem. Se separarmos todo o lixo produzido em residências, impedimos que a sucata se misture aos restos de alimentos, o que facilita seu reaproveitamento pelas indústrias. Dessa forma, evitamos também a poluição.

Em países desenvolvidos, como França e Alemanha, a iniciativa privada é encarregada do lixo. Fabricantes de embalagens são considerados responsáveis pelo destino dos detritos e o consumidor também tem que fazer sua parte. Quando uma pessoa vai comprar uma pilha nova, por exemplo, é preciso entregar a pilha usada. Em alguns países, as sacolas de plástico nos supermercados são vendidas para diminuir a produção de lixo.

O Brasil é um dos líderes mundiais quando o assunto é reciclagem de alumínio. Segundo dados da Associação Brasileira de Alumínio, em 2001, o Brasil reciclou 85% das latas de alumínio, enquanto, no mesmo período, o Japão reaproveitou 83% de suas latinhas e os Estados Unidos, 55%. A tendência da reciclagem no Brasil é crescer.

Qualquer produto feito a partir do alumínio pode ser reciclado quase que infinitamente, com aproveitamento de quase 100%. Além disso, reciclar significa uma economia de 95% da energia utilizada para a fabricação do alumínio e cada tonelada reciclada poupa a extração de 5 toneladas de bauxita, minério de ferro que é a matéria-prima para a produção do alumínio.

## CONTRIBUIÇÃO PARA A NATUREZA

50 kg de papel velho = uma árvore poupada

1.000 kg de plástico reutilizado = milhares de litros de petróleo poupados

1.000 kg de papel reutilizado = 20 árvores poupadas

1.000 kg de alumínio reciclado = 5.000 kg de minérios extraídos poupados

1.000 kg de vidro reutilizado = 1.300 kg de areia extraída poupada

## Recicláveis

**Papel reciclável**
Caixa de papelão, jornal, revista, impressos em geral, fotocópias, rascunhos, envelopes, papel timbrado, embalagens longa vida, cartões, papel de fax, folhas de caderno, formulários de computador, aparas de papel, copos descartáveis, papel-vegetal, papel-toalha e guardanapo.

**Vidro reciclável**
Garrafas de bebidas alcoólicas e não alcoólicas, bem como seus cacos. Frascos em geral (molhos, condimentos, remédios, perfumes e produtos de limpeza); ampolas de remédios e potes de produtos alimentícios.

**Metal reciclável**
Latas de alumínio (cerveja e refrigerante). Sucatas de reforma, lata de folha de flandres (lata de óleo, salsicha e outros enlatados). Tampinhas, arames, pregos e parafusos, objetos de cobre, alumínio, bronze, ferro, chumbo ou zinco. Canos e tubos.

**Plástico reciclável**
Embalagens de refrigerante, de materiais de limpeza e de alimentos diversos. Copos plásticos, canos, tubos e sacos plásticos. Embalagens Tetra Pak (misturas de papel, plástico e metal). Embalagens de biscoito.

## Não Recicláveis

**Papel ainda não reciclável**
Papel higiênico, papel-carbono, fotografias, fitas adesivas, estêncil e tocos de cigarro.

**Vidro ainda não reciclável**
Espelhos, vidros de janela, boxes de banheiro, lâmpadas incandescentes e fluorescentes, cristais, utensílios de vidro temperado e vidros de automóveis. Tubos e válvulas de televisão. Cerâmica, porcelana, pirex e marinex.

**Metal ainda não reciclável**
Clipes e grampos. Esponjas de aço.

**Plástico ainda não reciclável**
Ebonite (cabos de panelas, tomadas).

lixo

# VANTAGENS DA RECICLAGEM

✅ Cada 50 quilos de papel usado que é transformado em papel novo evita que uma árvore seja cortada. Cada 50 quilos de alumínio usado e reciclado evita que sejam extraídos do solo cerca de 5.000 kg de minério, como a bauxita. Quantas latinhas de refrigerante você já jogou fora até hoje? Lembre-se também de que uma lata de alumínio leva de 80 a 100 anos para se decompor.

✅ Com um quilo de vidro quebrado faz-se exatamente um quilo de vidro novo. E a grande vantagem do vidro é que ele pode ser reciclado infinitas vezes. Em compensação, quando não é reciclado, o vidro pode demorar 1 milhão de anos para se decompor.

✅ Contribui para diminuir a poluição do solo, da água e do ar.

✅ A reciclagem favorece a limpeza da cidade, pois o morador que adquire o hábito de separar o lixo dificilmente o joga nas vias públicas.

✅ Gera emprego e renda pela comercialização do material a ser reciclado.

✅ Dá oportunidade aos cidadãos de preservarem a natureza de forma concreta. Assim, as pessoas se sentem mais responsáveis pelo lixo que geram.

✅ Prolonga a vida útil de aterros sanitários.

✅ Melhora a produção de compostos orgânicos.

✅ Estimula a concorrência, uma vez que produtos gerados a partir dos reciclados são comercializados em paralelo àqueles gerados a partir de matérias-primas virgens.

## SAIBA COMO FAZER PAPEL RECICLADO

**Material necessário**

- papel já utilizado;
- água;
- bacias: rasa e funda;
- moldura de madeira com tela de nylon ou peneira reta;
- moldura de madeira vazada (sem tela);
- liquidificador;
- jornal ou feltro;
- pano (ex.: morim);
- esponjas ou trapos;
- varal e pregadores;
- prensa ou duas tábuas de madeira;
- mesa.

## Primeira etapa - Preparo da polpa

**1. e 2.** Pique o papel e deixe-o de molho durante um dia ou uma noite na bacia rasa para amolecer.

**3.** Coloque água e papel no liquidificador, na proporção de três partes de água para uma de papel. Bata por dez segundos e desligue. Espere um minuto e bata novamente por mais dez segundos. A polpa está pronta.

### Para ter papel colorido

Bata papel crepom com água no liquidificador e junte essa mistura à polpa. Outra opção é adicionar guache ou anilina diretamente à polpa.

**18** lixo

## Segunda etapa - Preparo do papel

**4.** Coloque a moldura vazada sobre a moldura com tela no fundo de uma bacia grande.

**5.** Despeje a polpa.

**6.** Suspenda as molduras ainda na posição horizontal, bem devagar, de modo que a polpa fique depositada na tela. Espere o excesso de água escorrer para dentro da bacia e retire cuidadosamente a moldura vazada.

**7.** Vire a moldura com a polpa para baixo, sobre um jornal ou pano. Tire o excesso de água com uma esponja. Levante a moldura, deixando a folha de papel artesanal ainda úmida sobre o jornal ou morim.

## Terceira etapa - Prensando o papel e preparando as folhas de papel

**8.** Empilhe três folhas de jornal com papel artesanal. Intercale com seis folhas de jornal ou um pedaço de feltro e coloque mais três folhas de jornal com papel. Continue até formar uma pilha de 12 folhas de papel artesanal.

Coloque a pilha de folhas no chão e pressione-a com um pedaço de madeira.

**9.** Pendure as folhas de jornal com o papel artesanal com pregador de roupas no varal até que sequem completamente.

Quando estiverem bem secas, retire cada folha de papel do jornal ou morim e faça uma pilha com elas. Coloque esta pilha sob um objeto pesado ou uma madeira por uma semana.

## Dicas importantes:

- A tela de *nylon* deve ficar bem esticada, presa à moldura por tachinhas ou grampos.

- Reutilize a água que ficar na bacia para bater mais papel no liquidificador.

# Como compostar o lixo orgânico

### O que é compostagem?

A compostagem é o sistema de reciclagem da própria natureza. Ela transforma a matéria orgânica em seus componentes originais, devolvendo-os como nutrientes para o solo.

Por meio da compostagem, devolvemos ao solo parte dos nutrientes retirados pelas plantas.

Adicionar o composto feito em casa ao jardim e às plantas de vaso também reduz enormemente nossa dependência de produtos químicos tóxicos como os pesticidas e fertilizantes químicos.

Tudo o que você coloca na sua pilha de composto é degradado por bactérias, fungos e micro-organismos. A água e o ar também desempenham papéis importantes na vida de uma pilha de composto, da mesma forma que são cruciais à vida humana.

### Por que compostar?

A melhor maneira de reduzir o desperdício com restos de comida e aparas de jardim é compostá-los.

Em média, mais da metade do nosso lixo é formado por restos de comida, aparas de jardim e matéria orgânica que pode ser compostada.

Limitar a quantidade de resíduos orgânicos destinados aos lixões e aterros.

Produzir suas próprias verduras e hortaliças orgânicas em casa.

Potencializar gestos de proteção ao meio ambiente, aumentando o senso de responsabilidade.

O composto devolve nutrientes ao solo e melhora o crescimento das plantas por meio:

- da devolução de vida ao solo;
- da descompactação do solo;
- da melhora na capacidade de retenção de água pelo solo;
- da adição de minerais essenciais ao solo.

# Passo a passo da compostagem

**Primeiro passo:** escolha um local com boa drenagem e boa insolação.

**Segundo passo:** coloque uma camada de material grosseiro, pobre em nutrientes, como gravetos, ramos, galhos podados, jornal rasgado e folhas secas na base da pilha. Esta camada deve ter a espessura da largura de uma de suas mãos (de 10 cm a 12 cm). Este passo é importante, pois permite a passagem de ar pela pilha.

**Terceiro passo:** adicione uma fina camada de material rico em nutrientes (podas frescas ainda verdes e coloridas) com um pouco de terra ou composto já pronto de uma pilha anterior, húmus de minhoca ou esterco. Cada vez que colocar podas frescas, adicione também uma boa camada de algum dos seguintes ingredientes de podas secas já caídas (material marrom):

- aparas de grama;
- material grosseiro como galhos, ramos e gravetos;
- podas de cerca-viva;
- cinzas de madeira, calcário dolomítico ou pó de rocha;
- ervas "daninhas" tiradas do seu jardim.

A cada camada de podas secas, adicione água ou biofertilizante líquido o suficiente para que fique úmido (como uma esponja molhada, não encharcada).

Quando as camadas estiverem em uma altura de mais ou menos 1,5 m, cubra a pilha com uma camada espessa de folhas secas ou palhadas.

**Quarto passo:** vire a pilha de vez em quando, assim que perceber que internamente a temperatura está quente.

Em 120 dias, aproximadamente, sua pilha de matéria orgânica terá se transformado em composto.

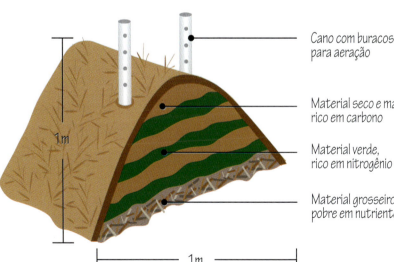

**Dica:** para ter um composto de qualidade rapidamente, você deve revirar a pilha a cada duas semanas com um forcado ou ancinho. Se sua pilha estiver excessivamente úmida e cheirando forte, ela certamente necessita ser revirada para que a aeração ajude a secá-la. Se estiver muito seca, revire-a e regue um pouco.

Obs.: Os canos de PVC poderão ser colocados dentro da pilha na vertical para aeração.

# Sistemas de compostagem (tipos de composteiras)

Há muitos sistemas diferentes de compostagem, desde composteiras comerciais até pilhas de composto. Você pode fazer sua própria composteira com tijolos, madeira, barris ou bombonas plásticas, por exemplo.

### Pilhas ou leiras cobertas sobre o solo

Esta é a maneira mais fácil de se fazer um composto. Não custa nada e você pode começar imediatamente.

Cubra a pilha com sacos de aninhagem, folhas, palhadas ou jornais.

### Sistemas de baias

Escolha o tipo que melhor se adequa à sua situação:

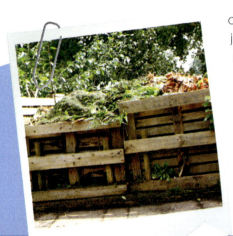

**Baias temporárias:** são feitas de material leve de forma que possam ser desmontadas e levadas para outro local no jardim. Podem ser feitas com tela de galinheiro, caixotes velhos de madeira ou pneus, por exemplo.

**Multibaias:** é melhor ter pelo menos duas baias. Uma para o material fresco e outra para guardar o composto que está maturando até ficar pronto para ser utilizado. Três baias são ainda melhor, você pode virar o composto na primeira vez para a segunda baia e na segunda vez já para a baia na qual ele ficará maturando. Quando você o retirar da terceira baia, ele estará pronto para o uso.

### Enterrando o lixo

Restos de cozinha podem ser compostados enterrando-os no solo. Simplesmente cave um buraco, jogue o lixo orgânico e cubra com, no mínimo, 20 cm de terra. Este processo é mais demorado e exige mais manejo para não atrair vetores de doenças.

### Composteiras em bombonas

O lixo é colocado em camadas dentro da bombona, previamente furada em todos os lados e fundo. Semanalmente o lixo é revirado dentro da bombona com o apoio de uma ferramenta espiralada.

### Tecnologia Minhocasa

*Kit* Minhocasa de compostagem.

### Barris e tambores

O sistema em barris utiliza o movimento de rolagem para aerar o composto. O lixo é estocado até encher o barril, que é rolado de dois em dois dias. O composto fica pronto de duas a três semanas. Este processo é útil para começar a compostagem de folhas secas, aparas de grama e ervas daninhas, que depois podem ser adicionadas a uma pilha de composto.

## Algumas questões frequentes

### Quanto tempo demora para o composto ficar pronto para o uso?

Deixe seu composto esquentar e esfriar nas duas primeiras semanas e, depois, revire a pilha semanalmente. Ao final de 15 semanas, o composto estará bom. Se você não virar a pilha nos primeiros 20 dias, o processo demorará mais.

### O que eu faço se houver muitas formigas na minha pilha?

Adicione calcário, cinzas ou pó de rocha e revire a pilha. Se ela parecer muito seca, molhe-a com água.

### Meu composto parece muito úmido. Quão úmido deve estar?

O composto deve estar como uma esponja molhada. Deve estar úmido, mas não encharcado e pingando água.

### Meu método de compostagem é jogar tudo na pilha e depois ignorá-la. Tudo bem?

Sim, este é o chamado processo de compostagem frio, no entanto, é um processo mais demorado. Tome cuidado para que a pilha não comece a exalar mau cheiro, ela talvez precise ser virada de vez em quando para ser aerada.

### Posso usar ossos e restos de carne no composto?

Não, é melhor não usar ossos e restos de carne, pois eles podem atrair moscas e ratos.

### Meus vizinhos reclamam da minha pilha de composto, mas ela não tem cheiro ruim. O que devo fazer?

Dê um bom exemplo mantendo sua pilha organizada e sem cheiro. Explique os benefícios da compostagem para seus vizinhos e ofereça a eles um pouco de composto para o jardim ou para seus vasos.

### Meu composto deve ficar no sol ou na sombra?

O calor do sol ajuda na velocidade do processo. Mas, lembre-se, ele também resseca a pilha. Portanto, mantenha a umidade com uma mangueira ou regador. Se você não dispuser de um local ensolarado, procure o local mais quente de seu jardim.

### Como vou saber quando virar a pilha?

Vire a cada 7-14 dias para acelerar o processo. Se você não tiver pressa, uma vez na primeira semana já será suficiente.

### Posso compostar sobras de frutas? Como?

Sim, todas as frutas podem ser compostadas. Mas frutas cítricas, como laranjas, limões e tangerinas, necessitam ser picadas para serem decompostas facilmente. Você pode adicionar um pouco de carvão, cinzas ou calcário para corrigir a acidez.

### E se aparecerem minhocas no meu composto?

Excelente, as minhocas se alimentam de matéria orgânica em decomposição, produzindo húmus, e cavam canais que auxiliam na aeração da pilha.

### Como se sabe quando o composto está pronto para o uso?

Quando ele se torna escuro, solto e com cheiro de terra, de forma que você não consiga mais distinguir nenhum material.

### Como posso retirar meu composto quando pronto?

Cave a base da pilha e retire o composto já formado.

# Como resolver alguns problemas simples da compostagem

## Meu composto cheira mal

Seu composto vai cheirar mal se ficar úmido demais ou não tiver a aeração adequada. Também pode cheirar mal se você colocar muito material fresco e pouco material seco.

## Resolva isso:

- com a adição de folhas secas, solo ou terra preta;
- com a adição de cinzas de lareira ou churrasqueira, calcário dolomítico ou pó de rocha;
- revirando a pilha para que receba mais ar (oxigênio).

## Minha pilha tem alguns visitantes não convidados

Formigas, baratas ou ratos podem fazer de sua pilha seus lares.

## Resolva isso:

- cobrindo restos de comida com uma boa camada de folhas secas e terra; adicionando calcário e revirando a pilha para desencorajar formigas e baratas; com uma tela de pinteiro embaixo de sua pilha, você não permite a entrada de ratos; não coloque produtos derivados do leite, das carnes ou dos mariscos na pilha de composto.

### Minha pilha de composto atrai muitas moscas

Não se preocupe se você tiver algumas mosquinhas, mas se sua pilha ficar malcheirosa, ela atrairá muitas moscas.

#### Resolva isso:

• Seguindo as mesmas dicas anteriormente citadas para o mau cheiro da pilha.

### Eu acho que vou me decompor antes da minha pilha de composto, como posso agilizar o processo?

Se sua pilha de composto não suporta sua demanda, há algumas maneiras de se fazer um bom composto mais rapidamente. Um sistema lento de compostagem pode significar que a pilha não está esquentando o suficiente, ou que não há água ou ar suficientes.

#### Resolva isso:

• Adicionando esterco ou composto já pronto; revirando a pilha e adicionando água; cobrindo a pilha com jornais, folhas etc.

## Como usar seu composto

O composto pode ser usado como substrato para semeadura de vegetais e flores. Misture 1/3 de areia ou terra e 2/3 de composto para usar no seu canteiro.

O melhor momento para usar o composto no canteiro definitivo é na hora de replantar mudas e fazer semeaduras diretas.

Uma fina camada de composto pode ser espalhada sobre seu gramado para encorajar o crescimento sadio.

Se quiser, você pode usar o composto diretamente no vaso das plantas.

Para as plantas que ficam dentro de casa, você pode também misturá-lo à areia para melhorar a drenagem. Plantas de vaso geralmente crescem melhor com composto em seu substrato.

O composto pode ser utilizado como fertilizante de cobertura. Faça uma camada de 5 a 7 cm de espessura de composto ao redor de árvores frutíferas.

O composto pode ser usado como substrato para um minhocário.

## SOBRE A MINHOCULTURA

O minhocário é outra excelente maneira de se compostar restos de comida e material orgânico. Minhocas são criaturas incríveis. Elas comem a maioria de seu lixo de cozinha e transformam isso em um fertilizante natural de alta qualidade, que pode ser adicionado ao solo do seu jardim, da sua horta ou aos vasos de suas plantas.

**Dica:** Para cada parte de resíduo orgânico fresco (rico em nitrogênio), adicionam-se duas partes de resíduo orgânico seco (rico em carbono) em seu minhocário:

1 Fresco : 2 Seco

| COLORIDO/VERDE NITROGÊNIO | MARROM CARBONO |
|---|---|

### O que vermicompostar?

De modo geral, qualquer coisa que tenha feito parte de uma planta ou animal pode ser usada no minhocário. A diversidade é o segredo!

**Ervas "daninhas".** A maior parte das ervas pode ser vermicompostada, mas elas devem ser colocadas no minhocário antes de darem sementes para evitar que se espalhem.

**Estercos.** Esterco de galinha e de aves em geral, em pequenas quantidades, são ótimos. Esterco de vaca, cabra e ovelha não é tão rico, mas também é bom.

**Podas de jardim.** Aparas de grama podem ser adicionadas em camadas, misturadas a folhas e gravetos para deixar que o ar flua por entre o minhocário.

**Lixo de casa e de cozinha.** Praticamente todas as sobras de cozinha, exceto carnes e gorduras em excesso, até mesmo panos de chão velhos, podem ser vermicompostados. Mantenha uma lixeirinha com tampa na cozinha para coletar seu lixo orgânico separadamente.

**Dica:** É preferível, em termos de segurança sanitária e ambiental, que o lixo da cozinha seja direcionado para um minhocário fechado ou uma composteira fechada (tipo *Kit* Minhocasa).

**Solo.** Adicione pequenas quantidades de solo rico, terra preta, húmus de minhoca ou composto previamente feito, a seu minhocário para incorporar os micro-organismos necessários ao bom desenvolvimento do processo de vermicompostagem.

**Cinzas de madeiras, carvão, calcário dolomítico.** Estes elementos ajudam a manter o equilíbrio do pH do minhocário. Você pode coletar cinzas e carvão da sua churrasqueira no dia seguinte ao churrasco.

**Podas de árvores, galhos, gravetos, ramos e folhas caídas.** Inclua camadas destes materiais bem soltos que ajudam a manter o fluxo de ar através do minhocário.

**Papel, caixas de papelão, jornais rasgados.** Todos estes materiais podem ser incluídos como matéria seca no minhocário.

### Outros ingredientes úteis:

- cabelos;
- pó de café, filtros de papel e saquinhos de chá;
- flores e ervas;
- terra velha de vasos de plantas;
- sujeira do aspirador de pó, incluindo seus sacos de papel;
- caixas de pizzas (se não forem plastificadas).

### Não use os seguintes materiais:

Fezes de cachorros, gatos ou humanos (elas podem transmitir doenças); restos de carnes e peixes (os ossos sim); somente pequenas quantidades de produtos derivados do leite e gorduras podem ser adicionados ao minhocário (coloque-os bem cobertos com matéria seca para que sejam degradados sem atrair moscas ou ratos); produtos químicos. A maioria dos produtos de limpeza, pesticidas e herbicidas irá matar ou reduzir a população de seres vivos no minhocário.

## Criaturas do minhocário

O minhocário é um sistema vivo. Há milhões e milhões de pequenos seres que vivem, alimentam-se e reproduzem-se no seu minhocário. Todos eles ajudam no processo de degradação do seu lixo e na transformação dele em um solo rico e em um ótimo fertilizante natural. Algumas dessas criaturas são:

- lesmas;
- besouros e joaninhas;
- bactérias;
- fungos;
- e minhocas.

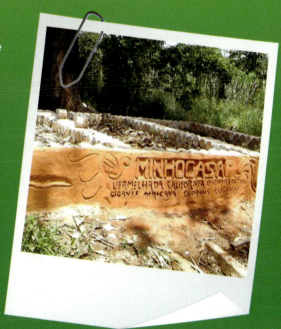

### Sistemas de minhocultura (tipos de minhocários).

Baias permanentes. Podem ser feitas paredes de tijolos, barro, blocos ou pedras.

Planeta Saudável 27

# Quatro princípios básicos da boa minhocultura:

1. VIDA
2. DIVERSIDADE
3. UMIDADE
4. AERAÇÃO

## 1. VIDA

O minhocário é um sistema vivo, com fungos, bactérias, micro-organismos, insetos e minhocas.

Um minhocário necessita de organismos vivos para degradar a matéria orgânica e liberar minerais e nutrientes que fazem um rico húmus, com aspecto de terra preta.

Cada organismo vivo do minhocário tem um papel importante na criação das condições ideais.

## 2. DIVERSIDADE

Muitos ingredientes diferentes são a chave para um húmus rico, como folhas de plantas variadas, podas de leguminosas e restos de cozinha.

Um minhocário necessita de ingredientes diversificados, da mesma forma que você necessita de tipos de comidas variados para manter uma boa saúde. Fazendo camadas de ingredientes diversos, você assegura que seu minhocário tenha os minerais e nutrientes necessários.

## 3. UMIDADE

Para que o sistema vivo do minhocário funcione bem, é necessário certa umidade: nem muito molhado nem muito seco.

Todas as plantas e animais necessitam de água e ar para viver, seu minhocário também.

De modo geral, o adubo que está sendo formado deve estar úmido como uma esponja molhada. Deve estar molhado, mas não encharcado, pingando água.

## 4. AERAÇÃO

Para fazer um bom húmus com cheiro de terra molhada, rapidamente, é essencial que o ar (oxigênio) circule pela pilha.

Um minhocário necessita de ar ou ele começará a eliminar mau cheiro. Lembre-se, quanto mais ar, menos cheiro ruim.

Misturar o conteúdo do seu minhocário com garfos de jardim auxilia na aeração.

O **minhocário doméstico** é um sistema vivo balanceado, autorregulável e sem mau cheiro, desenvolvido para ajudar as pessoas a reduzirem, reutilizarem e reciclarem seu lixo orgânico doméstico, como restos de comida, podas de jardim e papéis, preservando o meio ambiente.

Colocando as minhocas para trabalhar nesse sistema inovador, você estará convertendo suas sobras de alimentos e resíduos orgânicos em um rico nutriente, fertilizante 100% natural que suas plantas de vaso, jardim ou horta vão adorar.

O **minhocário** é fácil de operar e diversão garantida para qualquer idade. É tão versátil que pode ser colocado em uma varanda, área de serviço, escritório ou sob a sombra de uma árvore em seu jardim.

E o mais importante de tudo isso é que você estará contribuindo para a redução do volume de lixo que é compactado no lixão (ou aterro) de sua cidade.

O **minhocário** consiste em três caixas, uma tampa, um garfo de jardim, uma torneira, cama de húmus e matrizes de minhocas (*Eusenia foetida*).

# Tecnologia Minhocasa — *Kit Minhocasa de minhocultura*

É muito fácil criar minhocas, desde que consideremos o sistema como uma lixeira viva!

**PASSO A PASSO**

### Primeiro passo
Adquira seu *kit* básico Minhocasa ou faça o seu.

### Segundo passo
Prepare a "cama" para as minhocas. Rasgue folhas, jornais velhos e papelão, umedeça-os e faça uma camada da espessura de sua mão na caixa. Você também pode utilizar o composto pronto da sua pilha.

### Terceiro passo
Acrescente as minhocas. Coloque aproximadamente duas mãos cheias de minhocas (vermelhas da Califórnia são as mais comumente utilizadas).

30 lixo

Consulte o site:
www.minhocasa.com.br

### Quarto passo

Adicione o lixo orgânico. Ponha seu lixo de cozinha em cima da "cama" de minhocas regularmente, mas em pequenas quantidades. Com o tempo, como as minhocas se multiplicarão, você poderá colocar maiores quantidades.

Lembre-se:
• Não coloque lixo demais de uma só vez; evite alimentá-las com carnes, ossos, derivados do leite e gorduras; minhocas não gostam de cítricos (laranjas, limões) nem de cebolas e alho crus em excesso.

Alguns tipos de lixo como frutas cítricas, gorduras e alimentos doces em grandes quantidades formam ácidos em seu processo de decomposição. A adição de cinzas de madeira ou calcário, de tempos em tempos, pode evitar que seu minhocário se torne muito ácido (a cada 15 dias aproximadamente abra a tampa, espere que as minhocas se escondam da luz e, quando não enxergar mais nenhuma, salpique um punhadinho de cinzas).

### Quinto passo

O minhocário deve ficar tampado em local sombreado, no seu jardim, na garagem, na varanda ou na área de serviço.

### Sexto passo

"Colha" o húmus das minhocas. Para retirar o húmus das minhocas, que nada mais é que suas fezes (o ouro negro), mova tudo para um dos lados da caixa, coloque mais material no lado vazio. Espere alguns dias para que as minhocas migrem para lá em busca de alimento e daí recolha seu valioso fertilizante, que estará pronto para ser utilizado.

### Sétimo passo

"Colha" o biofertilizante líquido da caixa de baixo semanalmente por meio da torneira.

# DICAS

✓ Carregue com você uma caneca para evitar o uso de copos de plástico no escritório ou na escola. O mesmo vale para os outros descartáveis, como: pratos, garfos, copos e talheres (muito comuns em *fast foods*).

✓ Evite excesso de embalagens. Um terço do consumo de papel destina--se a embalagens. E alguns têm um período de uso inferior a 30 segundos. Contribua para a redução do consumo dos recursos naturais. Leve sacola própria (de pano, de feira...) para trazer boa parte das compras do mercado para casa. Se levar sacos de supermercado para casa, reutilize-os como sacos de lixo, mas use com bastante moderação, pois a decomposição leva 100 anos.

✓ Em vez de reciclar, tente "preciclar" (planejar e evitar o consumo de materiais nocivos e o desperdício).

✓ Recicle o vidro. Calcula-se que a reciclagem de uma tonelada de vidro poupa 65% da energia necessária à produção da mesma quantidade. Aproveite as embalagens de vidro para conservar alimentos no frigorífico, na geladeira ou no *freezer*.

✓ Dê uma destinação correta para as pilhas já utilizadas. Uma só pilha contamina o solo durante 50 anos. As pilhas incorporam metais pesados tóxicos.

✓ Seja econômico: poupe papel, usando o outro lado para tomar notas ou fazer rascunhos.

✓ Contate uma empresa que recicle plástico ou que o use novamente. As fotocopiadoras e as impressoras a laser utilizam cartuchos de tôner de plástico, que frequentemente têm de ser substituídos.

✓ Calcula-se que um em cada quatro documentos enviados por fax são posteriormente fotocopiados porque o original tende a perder a visibilidade. Dessa forma, gasta-se não só o papel de fax (normalmente não reciclável porque é revestido com produtos químicos que são aquecidos para a impressão), mas também o de fotocópia. Compre um aparelho de fax que utilize papel normal. Ele funciona como fotocopiadora ou impressora com papel comum.

✓ Descubra se há locais apropriados para o recolhimento de papel velho. Normalmente são organizados pelas autoridades locais, ou instituições de caridade e organizações não governamentais.

✓ Prefira consertar a substituir objetos, e use a imaginação para dar utilidade aos que iriam para o lixo.